DES PARTIS

EN FRANCE,

ET DANS LA CHAMBRE DES DÉPUTÉS,

PENDANT LA SESSION DE 1822.

A PARIS,

CHEZ L'ÉDITEUR, AU BUREAU DES TABLETTES UNIVERSELLES,
RUE RAMEAU, N°. 6.

1822.

AVERTISSEMENT.

On a essayé de tracer dans cet écrit le tableau de la situation actuelle des partis en France. Cette situation a quelque chose de diffus et de vague qui demande à être expliqué. L'intérieur de la Chambre des députés a dû surtout fixer notre attention. Il est des choses à cet égard entièrement ignorées dans les départemens, et connues à Paris, seulement d'un certain nombre de personnes; nous les avons indiquées avec les restrictions prescrites par les convenances. La cour, la nation, les différentes classes de la société en France, l'état politique des peuples qui nous entourent, nous ont fourni successivement diverses observations, qu'on recueille quelquefois dans les conversations particu-lières, mais qui n'ont point encore circulé dans les écrits publics. Pour obtenir le droit de les énoncer, il a fallu avouer ce qui a pu se rencontrer de pénible ou d'incomplet dans la situation actuelle de l'Opposition, à laquelle nous nous vantons franchement d'apparte-nir. On verra d'ailleurs que si nous sommes vivement animés de l'esprit de parti, principe conservateur et vivifiant des états libres, nous n'entendons préconiser, sous cette dénomination, ni l'ignorance aveugle, ni la haine fanatique. Si nous avons parlé avec quelque vé-hémence contre la tendance, dangereuse selon nous à laquelle dans ce moment le pouvoir est abandonné, nous n'avons point perdu de vue un seul instant une distinction importante qui doit servir de boussole à l'écrivain dans les pays libres : c'est que les institutions fondamentales sont la patrie et doivent être respectées par tous les citoyens ; tandis que les institutions secondaires, les actes de l'administration, et les administrateurs eux-mêmes sont livrés à la polémique de la presse.

DES PARTIS

EN FRANCE,

ET DANS LA CHAMBRE DES DÉPUTÉS,

PENDANT LA SESSION DE 1822.

Avant la révolution, et par suite d'anciens événemens, la société se trouvait constituée au profit du petit nombre; l'habitude, les institutions, les préjugés maintenaient cette situation; insensiblement l'industrie répandit et divisa les richesses entre la masse de la nation; celle-ci grandit en lumières, en influence, en pouvoir, en toutes choses; enfin elle demanda qu'à l'avenir la société fût constituée, non pas exclusivement dans l'intérêt de quelques-uns, mais dans l'intérêt de tous, et ce jour-là la révolution se fit. La même chose est arrivée plus tard en diverses contrées des deux mondes, et la révolution s'y est accomplie. D'autres pays plus arriérés marchent pourtant à grands pas vers le même point, et la révolution les menace.

En France, la révolution est faite; ajoutons qu'il n'y aura pas de contre-révolution durable, c'est-à-dire, qu'on n'y refera pas l'ancien régime d'une manière permanente. En effet, personne ne soutient aujourd'hui le principe qu'il faut gouverner dans l'intérêt exclusif de quelques-uns; les individus isolés ont bien conservé leur égoïsme (et cela ne sera point réformé, car c'est une des infirmités de notre nature); mais le principe est posé, admis sans contestation, qu'il est juste, qu'il est avantageux pour tous, que la société soit organisée dans l'intérêt de tous. Nous différons sur le mode d'application, et sans doute, c'en est assez pour nous diviser long-temps ; mais à la longue, le principe admis produira son fruit ; or, réduit à sa plus simple expression, ce principe n'est autre que l'*égalité devant la loi* ; c'est-à-dire la justice ; c'est-à-dire enfin, le véritable ordre social.

Ce bon ordre social, refusé à la société française par l'ancien régime, fut conquis par elle à main-armée ; telle est l'histoire de notre révolution. Le terme sous lequel nous désignons ce grand événement, nous l'explique assez. La révolution ne fut point destinée à rester un état permanent ; elle fut un mouvement énergique qui mit chacun à sa place. Depuis lors la société française est en travail pour trouver une assiette convenable, sur le nouveau point d'appui où la révolution l'a fixée. La république du Directoire, l'Empire, la Restauration, sont autant de positions où la société a cherché le bien-être et la sécurité. Chacune de ces positions a offert ses douceurs et ses amertumes ; la dernière, celle où nous sommes actuellement, n'est pas plus exempte des unes que des autres. Mais si, en quelque chose, la situation sociale nous afflige, songeons que celui qui porte la main sur la société, sans être assez robuste pour la changer de position, doit être écrasé sous son poids ; d'un autre côté, n'oublions pas que ce qui est inaccessible aux atteintes brusques d'une force isolée, devient facile à l'action successive d'une coalition de forces individuelles. Craignons donc la violence, mais ayons confiance au gouvernement représentatif ; nous en possédons les bases ; tenons pour certain qu'elles renferment de quoi guérir tous nos maux.

En établissant parmi nous l'ordre général, la révolution a froissé de nombreux intérêts privés et blessé une foule de vanités individuelles ; la révolution a commis des fautes, elle s'est fait des ennemis ; la lutte où elle s'est vue engagée l'a rendue violente ; elle a effrayé beaucoup d'hommes timides ; elle a quelquefois dépassé son but ; elle a souvent entraîné le bien avec le mal ; c'est ainsi que s'est altérée sa bonne renommée.

Enfin , corrompue par le despotisme impérial , elle n'a recouvré sa pureté primitive , qu'après avoir été purifiée par le baptême de l'adversité. La situation actuelle de la révolution peut être comparée à celle du christianisme, à l'époque du règne de Julien. Après avoir triomphé avec quelqu'intolérance sous Constantin , il se vit proscrit indirectement par Julien , au nom des mêmes principes qu'il avait proclamés. De même, c'est avec les formes du gouvernement représentatif dont elle est la mère, que la révolution est persécutée aujourd'hui. Le néo-platonisme avait au fond les mêmes doctrines morales que le christianisme , ou plutôt il les avait toutes empruntées de lui ; mais il offrait des mots et des signes , au moyen desquels il était possible de persécuter certains hommes , au profit de quelques autres. De même , les aristocrates ou royalistes de notre époque , ont adopté la plupart des doctrines du gouvernement représentatif ; seulement ils veulent le séquestrer exclusivement à leur profit , et tenir en état d'excommunication sociale les libéraux ou constitutionnels , à qui sont chers et sacrés les mots et les souvenirs de la révolution , par qui le gouvernement représentatif fut conquis. C'est ici le lieu de remarquer un progrès véritable que les idées constitutionnelles ont fait parmi nous , depuis la Restauration. A cette époque , beaucoup d'hommes , et l'on peut dire le plus grand nombre , parmi ceux qu'on avait vus précédemment dans les rangs des ennemis de la révolution, étaient réellement ennemis du gouvernement représentatif ; les élections, les assemblées délibérantes, le droit d'accuser les dépositaires du pouvoir , le vote même de l'impôt , tout cela leur paraissait du désordre, de l'anarchie et peut-être aussi du despotisme; un écrit du plus habile , comme du plus sage des hommes dont nous parlons , M. de Villèle , atteste quelle fut , à cette époque , l'erreur de leur pensée. Aujourd'hui (nous en convenons de bonne foi , et même avec plaisir , parce que nous regardons ce fait comme une véritable conquête), aujourd'hui la haine des formes représentatives n'existe guère plus parmi les royalistes. Des exceptions rares et peu importantes ne détruiraient pas cette observation. Réduits quelque temps , quoique d'une manière imparfaite , à la condition d'opposans au pouvoir , ils ont subsisté à l'aide de ces immunités que le gouvernement représentatif offre à l'Opposition ; c'est à elles qu'ils doivent la vie, et ils leur en conservent de la reconnaissance. Je sais bien que , dans leur amour exclusif , ils voudraient ne point les partager avec nous ; mais désormais si nous nous querellons, c'est sur leur possession , et non sur leur existence. Deux causes nous ont conduits à cet important résultat ; d'abord la persistance de Louis XVIII à maintenir le gouvernement représentatif en France , après la crise des Cent jours, et à en inculquer en toute occasion , à ses peuples ; le respect et l'amour ; ce résultat est dû , en second lieu , à la Chambre de 1815.

Selon ma pensée, la Chambre de 1815 a fait du mal à la France, et il est facile de voir qu'elle en a médité encore plus qu'elle n'en a exécuté ; mais cette assemblée n'est point à dédaigner comme objet historique ; même elle se présente à nous , à travers ses écarts, sous cet aspect grandiose qu'offrent toujours les choses fortes et prononcées ; là se développaient sans contrainte , sans remords du passé, sans précaution de l'avenir , les hommes énergiques de la vieille aristocratie et de sa clientelle. Ils gouvernaient la France du haut de la tribune , en comprimant avec violence et réduisant au silence leurs redoutables adversaires ; depuis ce temps , ces hommes ont beaucoup appris ; depuis, ils ont été vaincus, et sont devenus, par suite de leur défaite , circonspects et précautionneux ; mais ils ne veulent plus renverser ces murs qui furent leur palais , ni briser ces marbres qui furent les degrés de leur trône. A cette première époque de leur puissance , ils ont entraîné le gouvernement dans la Chambre. Il y est resté depuis , malgré les théories stériles et froides de quelques hommes , qui, élevés sous la tente, ou dans l'ombre du bureau, ne connaissent d'autres instrumens de pouvoir que la plume et l'épée. On peut prédire hardiment qu'il n'en sortira pas. Donc, la question n'est plus de savoir si nous aurons le gouvernement représentatif. Ce premier point est irrévocablement décidé , puisque déjà il est entré dans les mœurs et dans les préjugés nationaux. Il ne s'agit plus que de savoir par qui de nous il sera tenu, et vers quel but dirigé.

Ces considérations préliminaires épuisées, abordons de plus près notre situation actuelle. Elle date de l'avènement au ministère des chefs du côte droit. Le précédent ministère tomba, par suite d'une coalition assez semblable à celle que formèrent dans le Parlement anglais, vers le milieu du dernier siécle, lord North et M. Fox, contre le comte Shelburne, depuis marquis de Lansdowne. De pareilles réunions, quoique répugnantes, sont pourtant dans la nature des choses ; ainsi deux êtres forts et superbes prêts à se combattre à outrance, s'accordent volontiers un instant pour mettre en fuite le tiers intéressé qui s'apprête à recueillir leurs dépouillés. On sait qu'un petit nombre de personnes circonspectes de l'Opposition, parmi lesquelles on cite M. Ternaux et quelques-uns de ses amis, refusèrent seules de s'unir à leurs adversaires du côté droit, pour voter l'Adresse qui devait renverser le ministère. On a rendu hommage à la loyauté de leurs intentions, et même en ne partageant pas leur manière de voir, il est impossible de ne pas reconnaître que la détermination adoptée par le côté gauche en cette circonstance, nous lançait au hasard dans un avenir incertain. Toutefois il est bon de remarquer, que, dans ce jeu politique du gouvernement représentatif, les chances du hasard sont en faveur de l'Opposition, et qu'en bonne guerre elle doit les tenter. Car quelqu'une de ces chances peut amener le renversement du système d'administration qui triomphe ; or, c'est là tout le but de l'Opposition. Du reste, l'événement a justifié jusqu'à un certain point les calculs de celle-ci, dans la circonstance dont nous parlons. Si elle n'a pas atteint le pouvoir, elle a du moins ressaisi l'usage d'une arme indispensable pour le conquérir ; la liberté de la presse. Cette pierre angulaire du gouvernement représentatif, cette glorieuse prérogative des sociétés modernes, qui pourrait aujourd'hui nous l'ôter ? On a pu nous l'enlever en 1820, parce qu'elle n'avait été en 1819, qu'une conquête sur un parti ; dès-lors celui-ci la considérait comme une arme offensive dirigée contre lui , et il lui restait la possibilité de nous adresser le reproche de l'avoir accommodée à notre usage exclusif ; mais aujourd'hui c'est des mains mêmes de ce parti, qui la proscrivait depuis trente années, que nous tenons la liberté de la presse ; il nous l'a donnée faite à sa guise et aux conditions qu'il lui a plu ; quel prétexte peut-il inventer pour nous en dépouiller ? Il en est déjà de cette liberté comme de celle du vote de l'impôt : désormais elle ne sera plus contestée ; elle a acquis l'autorité de la chose jugée ; insensiblement l'usage la fait entrer dans nos mœurs , en consolide les garanties encore faibles , en étend le domaine par une pente irrésistible ; de même que la discussion du budget a entraîné la publicité et la concurrence des emprunts , et comme elle amènera tôt ou tard le système de la spécialité , contre lequel on ne lutte déjà plus que faiblement. Sous une loi plus rigoureuse et plus latitudinaire que celle de 1817 , qu'on compare l'esprit et la conduite des tribunaux correctionnels de 1822 , avec leur esprit et leur conduite à la première de ces époques , et il sera facile de se convaincre que quelle que soit l'influence qu'on veuille supposer au pouvoir ou à l'esprit de parti , les juges ne sont pas néanmoins entièrement à l'abri de l'influence non moins puissante de la pensée publique.

Un autre résultat avantageux que la chute du dernier ministère a procuré à l'Opposition , c'est l'anéantissement d'un tiers parti, qui, sans aucun résultat positif, gênait le terrain sur lequel nous luttons , jetait du vague et de l'indécision sur toutes les questions qui nous divisent , induisait quelques esprits droits à douter du bien et du mal politique, et privait l'Opposition de l'assistance d'une foule d'hommes puissans en talent et en influence sociale, qui lui sont revenus naturellement. Ce résultat s'est fait sentir d'une manière sensible dans les élections du printemps de 1822, particulièrement dans les grands Colléges, où il doit aller chaque année croissant. Je sais que, par la retraite de ces hommes d'opinion neutre, les ressorts de l'administration se sont trouvés agir sur les administrés avec plus de dureté qu'auparavant. Cet inconvénient est grave ; mais la liberté de la presse et l'exercice même du pouvoir l'adouciront insensiblement.

Maintenant si nous comparons le personnel du précédent ministère avec celui que l'Adresse de 1821 nous a donné , on verra qu'il y a tout sujet pour l'Opposition de s'applaudir du changement. Quelle que fût l'atteinte que la versatilité politique de M. de Serres avait portée à la considération parlementaire dont il jouissait précédemment , on est forcé de convenir qu'il trouvait incessamment des moyens de réhabilitation dans ces inépuisables trésors de logique et d'éloquence , dont la nature s'est plu à l'enrichir, et qu'elle prédestinait peut-être à une renommée plus pure que celle où il s'est précipité. Qui posséda à un plus haut degré que M. Pasquier le flegme et l'impartialité de l'homme d'état ? Qui sut manier plus adroitement les passions des hommes , et faire capituler plus subtilement , soit leurs consciences , soit leurs vanités ? Qui usa de la parole avec plus de mesure et de circonspection ? Qui sut , comme lui , revêtir le sophisme des apparences de la raison , jusqu'à faire illusion au commun des esprits ? Connu et estimé de la diplomatie de l'Europe , aimé personnellement de plusieurs grands souverains, M. de Richelieu , d'un côté, par sa haute naissance , de l'autre, par son affabilité, son indulgence , sa modération personnelle, formait un lien commun entre la Chambre élective, la Chambre aristocratique et le Trône. Il n'est aucune administration qui n'attachât un très haut prix à posséder un financier aussi habile , aussi ferme , aussi sévère que M. Roy , et les efforts bien connus du ministère actuel pour le retenir , prouvent assez la haute estime qu'on fait de ses talens , en même temps que sa retraite honore sa fidélité politique. M. de Latour-Maubourg ne pouvait se montrer au milieu de ses collègues , sans refléter sur eux la gloire militaire de la France; enfin, les honorables antécédens de M. Siméon , la gravité et la simplicité de ses mœurs , son savoir, son caractère inoffensif, ajoutaient aussi au crédit et à l'influence du dernier cabinet ministériel. Il serait pénible d'établir des comparaisons personnelles entre les derniers ministres et les ministres actuels ; mais on peut dire qu'il est évident, pour tout homme impartial et désintéressé , que , sauf une seule exception, sous le rapport du talent, de l'influence, du crédit national et européen , l'Opposition n'a dû trouver que des motifs de quiétude et de sécurité, dans le nom des personnes placées dernièrement à la tête de l'administration.

Je veux supposer que le ministère actuel est homogène, bien qu'il ne fût pas impossible d'indiquer quelles sortes de divisions les événemens pourraient développer dans son sein ; mais au moins on peut affirmer que le parti qui l'a porté au pouvoir et qui l'y soutient , est loin d'offrir cette condition de longévité. Examinons de quels élémens ce parti est composé.

On rencontre d'abord les hommes de cour : c'est la Cour qui a formé ce ministère , comme elle faisait dans l'ancien régime ; et non la Chambre , comme cela devrait être dans notre gouvernement , et comme cela sera bientôt inévitablement. MM. de Villèle et Corbières seuls doivent leur nomination à leur influence sur la majorité ; il n'en est point de même de MM. de Montmorency , de Bellune , de Clermont-Tonnerre , de Peyronnet ; c'est la Cour qui les a faits ce qu'ils sont : la majorité de la Chambre les a acceptés , moins comme des amis que comme les amis de ses amis. Or, voici quel appui un ministère trouve dans les hommes de cour. Aux jours de la prospérité , ils inquiètent, ils harcèlent , ils désorganisent ; ils ont même quelquefois assez de puissance pour détruire leur ouvrage , s'il veut être autre chose qu'un docile instrument. Aux jours de l'adversité, du danger, la Cour n'offre aucun appui, car c'est à peine si elle existe. Devenue le point de mire des préventions, des jalousies, des haines populaires, la Cour entraînerait dans une chute inévitable le ministère qu'elle aurait formé. Songez aux jours qui précédèrent le 20 mars ; prolongez par la pensée la crise de l'Italie en 1821, et voyez après, quelle force un ministère tirerait de la Cour dans des circonstances analogues. Mais, dit- on, le ciel est aujourd'hui sans nuage, et les vents sans haleine ? Moi j'en conclus qu'il faut construire des digues pour le jour des orages.

Arrivons à la Chambre des députés, où est le cœur du gouvernement ; nous y reconnaîtrons que la majorité s'accommode du ministère, use de lui, et l'influence ; mais qu'elle offre diverses nuances qui ne sont pas la sienne. Le véritable point d'appui du ministère actuel est dans cette portion un peu terne, mais assez nombreuse de députés, que l'augmentation subite de la Chambre a fait appeler dans son sein, et qui insensiblement céderont la place à des hommes plus notables, soit de leur parti, soit de l'Opposition. Plusieurs départemens, pauvres, arriérés, rustiques, se sont vus tout-à-coup enrichir par la loi du 29 juin d'un surcroît de députés à nommer ; ils avaient eu bien de la peine jusqu'alors à fournir leur contingent ; quel embarras ils ont dû éprouver pour l'augmenter encore, tout en tenant compte de la division des partis, de celle des Arrondissemens, si favorables à l'esprit mesquin des localités, et enfin du chapitre des exclusions ! Dans cette pénurie de députés, il a fallu improviser à la hâte de bons gentilshommes campagnards, pleins d'honneur, de loyauté, d'enthousiasme pour leur cause : plusieurs, bien que très versés dans l'agriculture expérimentale, ne parviennent à retirer de leurs terres de quoi soutenir convenablement leur famille, qu'à l'aide d'une surveillance personnelle et continue ; ils se dévouent pourtant ; un noble orgueil les y décide ; le grand Collége les élit ; ils arrivent à Paris ; ils sont enchantés de la séance d'ouverture, mais déjà ils sont pressés de revoir leur famille et leurs champs, qui languissent après eux. Dès l'ouverture de la discussion ils demandent la clôture ; ils ne sont pas venus pour entendre parler politique, mais pour retourner chez eux. Toutes les lois sont parfaites : c'est le ministère qui les présente ; ils sont sûrs de ses bonnes intentions. Selon eux, M. de la Bourdonnaye et M. de Vaublanc feraient mieux de ne pas allonger les discussions avec leurs amendemens. Les ministres seraient bien disposés à donner des places à des hommes si dévoués : l'embarras est d'en trouver qui leur conviennent. Ils ne veulent pas quitter le village où ils sont maires, ni le département où ils siégent au Conseil général : d'ailleurs ils ont des collègues plus alertes. On se retranche donc à leur promettre le ruban de la Légion d'Honneur avant l'expiration de leur cinquième année, s'ils sont exacts à rester jusqu'aux dernières séances. Gardons-nous de croire que ces gens-là ne soient pas indépendans ; présentez-leur M. Decazes, ou seulement M. Pasquier pour ministre, et vous verrez de quelle vigoureuse opposition ils sont capables. D'honnêtes bourgeois, riches agriculteurs ou négocians de petite ville, fraternisent, en petit nombre, avec nos gentils-hommes ; ils ont tous leurs défauts et toutes leurs qualités, moins un vernis de bon ton qui décore les premiers, et dont l'absence rend les seconds assez remarquables dans les brillans salons des ministres. Voilà les hommes sur qui le ministère actuel repose avec sécurité : c'est une sorte de députés, *sui generis*, comme diraient les naturalistes ; la discussion ne les effleure pas ; et pour eux, le temps ni les événémens n'amènent point l'expérience. M. Corbières a été pris dans leurs rangs, car ceux qui ont suivi de près la Chambre savent que c'est uniquement aux journaux de son parti qu'il doit sa réputation d'orateur.

Cette classe de députés forme la masse principale de la *réunion-Piet*, que plusieurs écrivains et plusieurs députés du côté droit ne voient pas sans ombrage. Réunis chez leur collègue de la Sarthe, nos députés, après avoir entendu trois ou quatre orateurs qui ont reçu les instructions du ministère, ou quelquefois seulement du ministre qui veut faire prévaloir ses idées, décident dans ce mystérieux salon, ce qui se fera le lendemain à la Chambre, et le ministère obéit de bonne grâce à l'impulsion qu'il a donnée sous main. Là se présentent bien rarement les questions de principe, d'intérêt général, de politique européenne ; mais on y discute perpétuellement les intérêts de parti, de localité et de personne. On assure, par exemple, que la question de préséance sur la liste de candidature à la prési-

dence, entre M. Ravez et M. de La Bourdonnaye, y fut vivement controversée, et résolue contre le vœu du ministère, de
manière à lui faire craindre de voir soulever des élémens de
discorde. La réunion-Piet facilite beaucoup la conduite de la
Chambre au ministère actuel, qui y jouit d'une grande faveur;
mais elle pourrait devenir contre lui un redoutable instrument,
si quelqu'ambitieux adroit venait à y conquérir le crédit.

Il existe, comme on sait, une autre division du côté droit.
Celle-ci est moins nombreuse que la précédente; mais elle la
surpasse de beaucoup par la célébrité, ou les talens de ceux
qui la composent. MM. de La Bourdonnaye, Delalot, de Vaublanc, de Bouville, en sont les orateurs ordinaires; MM.
de Berbis, Brennet, Carrelet de Loisy, de Kergorlay, de
Loisson, Leroux du Châtelet, en sont après eux, les membres les plus connus; ces messieurs sont, pour ainsi dire,
les *doctrinaires* de leur parti; on ne les voit pas seulement
combattre pour des intérêts personnels : ils établissent des
principes; et l'on trouvera dans le *Conservateur* le corps de
leurs doctrines. Ils ont adopté du gouvernement représentatif toute la partie qui concerne l'influence du ministère et de
l'aristocratie; mais il soutiennent que l'influence de la démo-
cratie y doit être subordonnée et quasi fictive. Leur système
transporté en Russie, y deviendrait fort gênant pour le trône; en
France, il tend à l'isoler. Leur attitude est fière et composée à
l'égard des hommes de la cour, dont ils se supposent les égaux,
ce dont ces derniers ne conviennent pas. Aussi les députés dont
nous parlons seraient-ils disposés à les écarter de leur gouver-
nément, dans lequel le mérite personnel et le talent seraient
reçus comme des titres. A l'égard du ministère actuel, leur
sourire a quelque chose de froid et de dédaigneux; ils igno-
raient que leur parti renfermât des hommes qu'on dût juger
plus habiles qu'eux à gérer ses affaires; chaque jour les confirme
dans cette pensée, et ils admirent la bonhomie de ceux de leurs
collègues, qui croient que c'est tout simplement pour ce que nous
voyons aujourd'hui, que le côté droit a conquis le pouvoir. Le

ministère présent ne s'occupe qu'à désarmer et à dépouiller ses adversaires, en même temps qu'à s'assurer par la prudence la conservation de ses possessions actuelles. Le ministère en germe se croirait assez fort pour vivre et grandir au milieu des tempêtes ; il s'occuperait moins des personnes ; mais on le verrait tenter des choses saillantes , peut-être bouleverser de fond en comble le système électoral , ou bien se mêler activement des affaires intérieures de l'Espagne. On ne peut pas refuser quelque estime à de tels adversaires; mais l'Opposition doit souhaiter leur avènement au pouvoir, par suite des mêmes vues qui lui ont fait aider au renversement des précédens ministres.

Un petit groupe de députés peut encore être signalé comme formant une troisième division du côté droit. Ceux-ci sont des hommes d'une médiocre ambition , d'un esprit étroit, d'un caractère ardent, d'une conscience inexorable. Le roi a donné la Charte , et ils s'y résignent comme à un Lit de justice. On les démêle quand il se présente une pétition d'émigré qui demande une restitution de biens , ou quelque chose d'approchant; alors, tandis que la masse du côté droit, docile aux conclusions du rapporteur, se lève avec ensemble pour l'ordre du jour, on aperçoit huit à dix Catons, qui, ne pouvant se résoudre à capituler avec les principes, croyent encore les sacrifier, en s'abstenant de voter sur les questions de ce genre. *Il en est jusqu'à trois que je pourrais nommer ;* mais cette fois les convenances me prescrivent le silence. Ces députés appuient franchement le ministère actuel, bien qu'ils pensent qu'il pourrait marcher beaucoup mieux.

Avançant maintenant vers le milieu de la Chambre, sans sortir des rangs de la majorité ministérielle, nous nous rencontrons au milieu de cette section connue dans le public sous la désignation de centre droit. Ici encore nous distinguerons deux nuances; l'une, composée d'hommes éminemment probes, loyaux , modérés, indépendans même, en dépit des sarcasmes qui accréditent le contraire, et qui ne devraient pas s'adresser à eux. Ils ont été patriotes en 89, proscrits en 93, administrateurs municipaux sous le Directoire, préfets ou présidens sous l'Empire ; ils acceptent de la révolution tout ce qu'elle nous a donné de liberté et d'égalité civile, et repoussent avec la même cordialité ce qu'elle pourrait nous donner de liberté politique, qu'ils appellent de l'anarchie. Ils faisaient partie de la minorité de 1815 et de la majorité du 5 septembre ; mais le côté gauche, l'élection de l'Isère, le crime de Louvel, les émeutes de juin, la révolution d'Espagne, ces divers événemens les ont jetés et maintenus sous l'aile du côté droit ; ils s'y sont retirés tout tremblans, et comme dans un asile mal assuré ; mais tant qu'ils verront un côté gauche en face d'eux, leur irritation et leur frayeur ne se calmeront pas ; tandis qu'il ne faudrait peut-être pour qu'ils vinssent s'y asseoir eux-mêmes, que le faire évacuer par ceux qui l'occupent aujourd'hui. Leur système se compose d'un grand fonds d'amour de l'ordre, d'une ardeur effrénée pour le repos, d'une profonde incrédulité au perfectionnement social, et, il faut le dire, de quelque peu de vanité blessée. A leur tête paraît M. Laîné, et certes ils peuvent s'en glorifier, car il semble représenter à-la-fois l'éloquence et la vertu. On compte parmi ses amis, MM. Maine de Biran, de Cordoue, Borel de Bretizel, Ribard, Duvergier de Hauranne, Morgan de Belloy, de Fabry, etc.

La seconde division du centre droit offre un assez bizarre assemblage d'élémens hétérogènes. Celle-ci éprouve au fond une répugnance parfaitement égale pour le côté droit et pour le côté gauche ; mais elle vote avec le côté droit, aujourd'hui que le gouvernement s'appuie sur lui, comme elle votait avec le côté gauche en 1819, pour la même raison. Elle hait franchement la révolution, parce que la révolution promet la liberté ; mais elle a conservé pour l'empire un souvenir respectueux, et n'entend point le côté droit en médire sans éprouver quelque émotion. Là siégent les préfets, les conseillers d'état, les directeurs et les procureurs généraux, qui, après avoir voté contre l'Adresse de 1821, ont eu la souplesse de se faire agréer par le ministère qu'elle a produit malgré eux. Les yeux fixés sur M. Duplessis-Grénédan où sur M. Clausel de Coussergues, ces néophytes n'ambitionneraient rien moins que d'égaler la réputation de zèle et de dévouement de ces vieux doyens du côté droit ; mais c'est en vain qu'ils s'efforcent de lutter contre leur destinée, ils n'échapperont pas aux honneurs inoccupés du service extraordinaire. Les souvenirs du 5 septembre et de M. Decazes menacent sans cesse leurs préfectures et leurs directions générales. Auprès de ces Messieurs siégent encore quelques amis de M. de Serre, qui avaient la bonhomie de croire que ni la Chambre ni la France ne pourraient se passer de lui ; doctrinaires abjurés, dont l'orgueil aime mieux périr avec le côté droit qui les repousse, que se replier sur l'Opposition qu'ils ont les premiers abandonnée. On remarque sur ces divers bancs MM. Froc de la Boulaye, de Wendel, Beugnot, Becquey, de St.-Cricq, Dartigaux, Favard de Langlade, de Mézy, de Lascours, etc. ; quelques uns d'eux siégent au-delà du Rubicon, qui sépare le centre droit du centre gauche ; ils se conservent ainsi une couleur indépendante, et je ne voudrais pas affirmer qu'ils déposent toujours une boule blanche dans le secret de l'urne ; aussi le côté droit qui s'en doute, leur refuse communément, à l'époque des élections, le cachet officiel de la présidence, en sorte qu'à mesure que leurs cinq années expirent, ils sont poussés tout doucement hors de la chambre. Ainsi ont disparu, rebutés de tous les partis, MM. de Serre, Voysin de Gartempe, Blanquart-Bailleul, Morisset, Rivière, Dijeon, Bayet, Usquin, Ruinart de Brimont, Druet-Desvaux, etc.

Tel est le tableau exact et complet des nuances et des divisions du parti ministériel, au sein de la Chambre des députés. Passons sur les bancs de l'Opposition ; et pour que la transition ne soit pas trop brusque, arrêtons-nous un instant parmi ces honnêtes fonctionnaires publics, retirés en petit nombre sur les sommités du centre gauche, se levant courageusement, quoiqu'en silence, contre les volontés de la majorité, et desirant peut-être voir expirer un mandat, dont l'exécution peut paraître inconciliable avec les exigeances de l'administration actuelle. A côté d'eux, et partageant leur douleur, on découvre quelques hommes de bonnes intentions, mais de peu de prévoyance, qui déjà se sont reproché, dit-on, d'avoir refusé à l'amendement du vertueux Camille-Jordan le secours décisif de leur vote. Dans l'une ou l'autre de ces deux catégories figurent MM. Harlé, Doublat, Lepescheux, Despatys, Albert, Hay. A côté d'eux figurait M. Courvoisier ; mais le rôle d'orateur est incompatible avec cette position : c'est M. Courvoisier qui l'a prouvé.

Pénétrons maintenant au cœur de l'Opposition, dans cette partie où l'on commence à parler et agir, deux actes qui constituent l'existence : nous sommes au centre gauche proprement dit. Ici je distingue deux sortes d'hommes, mais non deux opinions, ni deux tendances politiques diverses ; car, pour le dire en passant, il est assez remarquable que le centre gauche, cette portion la plus modeste et la moins bruyante de la Chambre, soit précisément la plus homogène. M. Ternaux est le député le plus saillant de la première classe ; M. Royer-Collard paraît le chef politique de la seconde.

M. Ternaux est l'un des plus considérables comme des plus honorés parmi les hommes industrieux de la France ; or, qui ne sait que l'industrie est l'élément vital des sociétés modernes ; elle est le sang qui circule dans leurs veines, et d'où elles tirent immédiatement la meilleure partie de leurs forces. La première élection de M. Ternaux, en 1818, fut environnée de circonstances remarquables ; elle indiqua au gouvernement de la Restauration quelle est la limite jusqu'où il faut s'avancer pour s'assurer une majorité nationale. Il serait possible, et c'est notre opinion, que cette majorité se trouvât plus solide, plus compacte, plus durable au-delà de cette limite ; mais il est démontré pour nous, qu'en-deçà de cette ligne, toute combinaison serait dommageable, factice, ruineuse. Entré dans la Chambre, M. Ternaux y a vu tout naturellement, et sans aucun effort de sa part, son influence grandir progressivement. On n'a pas oublié quel appui loyal et désintéressé, le ministère de 1819 a rencontré en lui et en ses amis. La lutte engagée en 1820 les a trouvés inébranlables dans leur fidélité aux doctrines et aux intérêts de la France nouvelle ; on doit dire même qu'à mesure que l'aristocratie étendait ses prétentions, M. Ternaux développait, avec plus de franchise et de liberté, les principes féconds et pacifiques dont l'industrie réclame et obtiendra le triomphe. C'est depuis que le côté droit gouverne que M. Ternaux a fait entendre, dans la discussion du budget, ces discours si loyaux et si énergiques, véritable expression de l'opinion des manufacturiers français ; c'est depuis que le commerce déroge, et que la Commission du sceau délivre des lettres de relief, que M. Ternaux a paru insensible au titre de baron. Repoussé par le ministère aux élections de 1822, avec une violence dont les antagonistes les plus immodérés auraient eu droit de se plaindre, M. Ternaux porté jadis dans la Chambre par le pouvoir, y est entré à cette seconde époque au nom de l'Opposition. Cette circonstance doit ajouter beaucoup à la franchise de sa position, puisqu'elle déplace tous ses engagemens. Mais ce n'est pas seulement sous ce rapport que la réélection de M. Ternaux est remarquable ; on se souviendra long-temps que c'est pour lui le premier, qu'un Collége de département, eh! quel Collége ! s'est soustrait à l'influence de la classe aristocratique pour laquelle ils ont été créés, et qui semble avoir combiné les choses de manière à les immobiliser dans ses mains. Qu'on songe à l'importance réelle et d'opinion de la ville de Paris, je ne dis pas seulement pour la France, mais pour l'Europe entière ; qu'on rapproche cette pensée de la part qu'il est facile de faire, et qu'on peut apprécier exactement d'après l'échelle des votes exprimés, à la considération personnelle de M. Ternaux, pour entraîner la majorité du Collége départemental de la Seine vers l'Opposition, et l'on reconnaîtra facilement que l'élection de 1822 a considérablement rehaussé l'importance parlementaire de M. Ternaux. J'ai insisté sur cet objet, parce qu'après tout cela il me reste à dire que M. Ternaux et les députés de sa classe (je ne parle pas de tout le centre gauche), n'ont point de prétentions personnelles à l'exercice du pouvoir. A la fois grands propriétaires et riches manufacturiers, une part trop belle leur fut concédée, pour qu'ils veuillent en poursuivre tout autre. Ils règnent sur un peuple industrieux, lié à leur existence par la plus douce, mais en même temps par la plus irrésistible des lois, celle de la nécessité du bien-être et de là subsistance des familles. A proportion qu'ils s'enrichissent eux-mêmes, ils enrichissent et fécondent la nation, qui se réjouit de leur prospérité, comme elle s'attristerait de leur décadence. Tous les hommes qui se trouvent dans cette belle position ne sont pas à côté de M. Ternaux. Si l'on y rencontre MM. Benjamin-Delessert, Delaunay (de la Mayenne), Jobert, Laruelle, Gaspard Got, etc., on doit remarquer que MM. Bouchard-des-Carnaux, Caumartin, Humann, Kœcklin, Jobez, Alexandre Périer, siégent au côté gauche. Leur couleur plus prononcée tient sans doute à leurs circonstances personnelles, à la trempe de leur esprit, à l'énergie de leur caractère ; mais au fond ce sont les mêmes hommes : car, placés dans la même situation, ils ont des intérêts et des principes identiques. Seulement, M. Ternaux a ceci de personnel, qu'ayant en toute occasion manifesté pour la monarchie, et spécialement pour celle des Bourbons, un invariable attachement, il semble placé dans la Chambre comme un négociateur non suspect entre le trône et la révolution ; et si un jour, le bon génie de la France ou l'empire des circonstances amène une alliance entre la Couronne et l'Opposition, ni M. Ternaux, ni ses amis ne réclameront le pouvoir pour eux ; mais ils concluront le traité, et veilleront ensuite à ce que, des deux parts, il soit religieusement observé.

La seconde division du centre gauche réclame maintenant notre attention. Celle-ci forme un vrai parti politique ; ce sont nos *Whigs*, habiles, modérés, patriotes comme ceux de la Grande-Bretagne. Ils ont eu beaucoup d'influence sur les dépositaires du pouvoir, depuis le 5 septembre jusqu'en 1820 ; mais ils n'ont jamais eux-mêmes possédé le pouvoir : ils n'ont donc aucun reproche à subir ; ils n'ont déçu aucune espérance ; ils sont encore neufs, et pourtant ils ont une grande connaissance pratique des hommes, et sont pleinement connus d'eux. Plusieurs allient la popularité de l'éloquence à la gravité sévère du bon conseil. L'impartialité est de leur nature, et la modération leur imperturbable attitude. Ils sont l'aristocratie de l'Opposition, aristocratie d'autant plus excellente que, par une heureuse rencontre, elle se trouve identique, sous divers rapports, avec celle que l'Opposition possède dans la Chambre des pairs. Certes il serait profondément insensé, le système qui repousserait comme périlleuse l'assistance de tels hommes. La dynastie sait depuis long-temps à quoi s'en tenir touchant la fidélité de M. Royer-Collard; la France retentit des accens sublimes de sa sévère éloquence; c'est la raison sans parure, belle de sa merveilleuse nudité. M. de St.-Aulaire est à la tribune comme au centre d'un cercle brillant; sa parole est une conversation animée; elle en a les grâces, la souplesse, le pittoresque, l'inattendu; lui seul sait satisfaire à toutes les exigeances de la popularité, sans blesser le pouvoir, sans outrager la majorité, en observant à-la-fois les convenances qui paraîtraient les plus incompatibles. Calme et poli comme un homme du monde, adroit et souple comme un homme d'esprit, on l'a vu dans l'occasion audacieux et fier comme un homme de cœur. M. Louis, placé plusieurs fois à la tête des finances publiques, a laissé la réputation d'un ministre habile et ferme, d'un administrateur juste et rigide, d'un homme d'état fidèle et consciencieux. MM. Cassaignolles, Laisné de Villevesque, Chabaud-Latour, Pavée de Vandœuvre, de Turckeim, Guittard, Ganilh, etc., siégent sur ces mêmes bancs du centre gauche, où ils se sont fait distinguer, en divers degrés, par un caractère et des doctrines qui allient la modération au patriotisme.

Le côté gauche de notre Chambre des députés est trop connu, il est l'objet d'une attention trop vive et trop constante, pour qu'il soit permis de se flatter d'apprendre encore quelque chose au public à son sujet. Le côté gauche a le privilége de représenter avec une entière exactitude l'Opposition qui est hors de la Chambre : lui seul en a l'énergie, la franchise, quelquefois même les passions. Le centre gauche ne représente point de masse ; il est une aggrégation d'individus partageant généralement les manières de voir et les sentimens de l'Opposition extérieure , mais séparé d'elle par le calme de la circonspection , les combinaisons politiques , ou même les circonstances personnelles. De ceci il résulte, suivant nous, que pour qu'un député nommé par l'Opposition soit autorisé à venir se placer au centre gauche, il faut qu'il trouve en lui quelque antécédent qui le sépare des masses ; ou bien il faut qu'il ait assez d'esprit pour marquer vite et nettement, par la parole, les limites de sa position. La place naturelle de la foule des élus de l'Opposition est donc au côté gauche ; l'homme nouveau qui va s'asseoir silencieusement au centre gauche, laisse planer sur lui un soupçon de tiédeur ; or cette tiédeur se manifestant aujourd'hui que le parti adverse triomphe, est quelquefois qualifiée plus sévèrement. En 1819, il pouvait y avoir de la sagesse ou de la modération à choisir son siége en entrant dans la Chambre, au centre gauche ; aujourd'hui il faut avoir un esprit peu commun pour tenir à cette place, et peut-être elle compromettra la réélection de bien des gens, qui en ceci agissent par maladresse, si ce n'est par suffisance.

. Il y a des nuances sur quelques doctrines secondaires dans le côté gauche ; peut-être elles se prononceraient s'il venait à être question de leur application ; mais il y a homogénéité parfaite dans la tendance générale. Il est possible que MM. de La Fayette , d'Argenson , Tarayre tiennent à des théories dont MM. Sébastiani, Foy, Chauvelin trouveraient l'application difficile ; ce qu'ils veulent tous , c'est ce que veulent, sous des dénominations diverses, tous les peuples de l'Europe et de l'Amérique : l'égalité devant la loi. La royauté et la pairie sont les deux seules exceptions admises, en quelques pays , à ce principe fondamental de la civilisation et de la société humaine. La puissance du côté gauche est immense ; on peut la révéler d'un mot : c'est lui qui a fait les révolutions d'Espagne, de Portugal, d'Italie ; il en fera encore bien d'autres. Ce sont ses ennemis qui le proclament ; seulement, ils en font l'objet d'une accusation , et moi je l'en vante ; car quelles sont ses armes ? il n'en a point d'autre que le prisme magique de la vérité qu'il fait luire aux yeux des nations. Sans doute le ciel l'a doté avec magnificence de tous les dons de l'esprit , et à un tel degré , qu'on peut dire que , depuis l'Assemblée constituante , nulle autre assemblée n'avait offert une si haute et si abondante profusion de talens et de mérites qu'en offre le côté gauche de notre Chambre des députés : parcourons-le rapidement.

M. de La Fayette est son drapeau ; il paraît au milieu d'eux comme le légat de l'Assemblée constituante ; il est la révolution de 1789 personnifiée. Depuis la mort de Bonaparte, il est le seul homme dont on puisse dire aujourd'hui, que son nom est grand parmi les nations. Ses paroles ont quelque chose de plus que de l'éloquence , elles ont de l'autorité ; les deux mondes les écoutent ; et seules , au milieu d'un mouvement dû à l'indépendance des esprits , elles produisent la soumission des esprits. M. le général Sébastiani fut naguères un de ces lieutenans du conquérant du monde, qui , suivant l'expression originale du soldat français, étaient sur les rangs pour *passer roi*. Il eût été un des successeurs du nouvel Alexandre, si le nouvel Alexandre avait dû avoir des successeurs. Tout ce que les habitudes de l'opulence et de la grandeur ajoutent de noblesse et de grâce à l'attitude de l'homme, M. le général Sébastiani le déploie à la tribune ; et c'est surtout lorsqu'avec un admirable mélange d'énergie et de modération , il y défend les libertés des peuples et les droits sacrés de la justice, qu'on s'aperçoit que ce poste éminent est véritablement le trône de la civilisation. Quelle ardeur généreuse , quels mouvemens de cœur ! quel bonheur d'expression dans les improvisations brillantes de M. le général Foy ! Qui rendit la raison plus piquante que M. de Girardin , plus facile que M. Manuel , plus populaire que M. de Chauvelin , plus victorieuse et plus fière que M. Bignon ?

Une énergie courageuse , une persévérance infatigable, une raison supérieure , une logique irrésistible , telles sont les qualités qui distinguent les discours comme les écrits de M. Benjamin Constant. Quel parti ne s'enorgueillirait de posséder ses talens ; c'est lui qui , le premier en 1814 , instruisit la France des principes constitutionnels , trop long-temps oubliés ; chez lui , l'éloquence ne semble point un art, mais un don de la nature ; s'il l'atteint , c'est sans la chercher ; il ne déclame pas , il raisonne ; il n'accuse pas , il prouve. On se demande quelquefois d'où provient cette aversion demesurée, qu'une portion du côté droit manifeste pour un orateur auquel il ne peut reprocher que la franchise de ses opinions , tandis que l'élévation exquise de son langage le place au-dessus de l'invective ; c'est sans doute , parce qu'aucun autre ne sonde plus profondément la plaie de ces esprits maladés. Son art est de faire paraître au grand jour tout ce que les passions exaltées ont de hideux. Fort de sa conviction , il la fait passer dans l'âme des autres ; quand il a parlé , tout est clair , tout est démontré. Voilà pourquoi , avec des rivaux dans la Chambre, il n'en trouve point hors de son enceinte ; c'est parce qu'il sait mieux qu'aucun autre mettre les vérités politiques à la portée de toutes les intelligences ; et ceci explique l'ascendant qu'il a su acquérir au dehors sur l'opinion publique.

Au même côté de la chambre siége M. le comte de Thiard, qui défendit jadis la royauté, avec la même bonne foi qu'il défend aujourd'hui la liberté menacée ; le discours dans lequel il rétracta son émigration , est un fait important que l'histoire remarquera. Alliant la franchise des camps à l'élégance du monde , acteur important de notre scène politique , occupé sans relâche à serrer les nœuds qui doivent unir les membres de l'Opposition , il suffit de dire qu'aucune des ressources légales qui nous sont encore laissées, pour combattre l'influence démesurée du pouvoir dans les élections, n'a échappé à son zèle et à son activité.

L'excellence des talens n'est pas le seul avantage que possède le côté gauche. Les positions éminentes , les caractères honorables brillent en foule dans ses rangs. Là , s'asseoit l'un des premiers potentats de l'Europe financière, l'homme auquel les hommes de tous les partis ont recouru dans leurs périls, tous les gouvernemens dans leurs embarras, M. Lafitte, entre les mains duquel des princes détrônés ont tour-à-tour déposé leurs trésors, et jamais il n'a trompé la confiance des vaincus, ni courbé la tête devant les prétentions des vainqueurs. Par un privilége peu commun, M. Laffitte réunit à-la-fois en lui, la puissance de la fortune, la dignité du caractère, la capacité des affaires publiques, en même temps qu'il possède à un très-haut degré le talent de la tribune. A côté de lui siégent quatre chefs de la famille Périer, une des plus considérables et des plus anciennes du commerce français ; et parmi eux, M. Casimir Périer, dont la tribune a révélé à-la-fois le talent le et courage ; là, brillent en majorité, même les grands noms de l'ancienne monarchie, les La Fayette, les La Rochefoucault, les Thiard, les Lameth, les Chauvelin, les d'Argenson, les Gilbert de Voisins ; et si je rapprochais de ces derniers noms, ceux des Molé et des Pasquier, que l'administration actuelle ne compte point non plus parmi ses amis, j'arriverais à ce résultat remarquable, que les fils des chefs de l'ancienne magistrature parlementaire sont presque tous aujourd'hui dans l'Opposition.

Peu d'hommes ont défendu les libertés publiques contre Bonaparte ; peu ont résisté au prestige de force et de gloire du despotisme impérial ; mais si quelqu'un l'a fait, où est-il aujourd'hui ? N'est-il pas avec l'Opposition ? Qui a combattu les tribunaux d'exception, défendu la liberté de la presse et des délibérations dans le Tribunat ; qui a vu son courage payé de l'exil ? N'est-ce pas Benjamin Constant ? Qui votait contre le Consulat à vie ? N'était-ce pas Camille Jordan ? Qui se faisait éliminer du Tribunat ? N'était-ce pas le savant et austère Daunou ? Qui signalait dans l'établissement de la Légion-d'Honneur, le premier anneau de cette chaîne dont nous traînons encore les débris rompus ? N'est-ce pas M. Savoie-Rollin ? Qui sacrifiait, avec un courage antique, la préfecture d'Anvers , à la défense de l'autorité sacrée du jury ? N'était-ce pas M. d'Argenson ? Qui soutenait, en ces temps difficiles , la vieille indépendance de la magistrature ? N'était-ce pas M. Dupont (de l'Eure) ? Enfin , qui faisait partie de la minorité du Sénat ? N'était-ce pas M. Lambrech ? Dans la Chambre, comme hors de la Chambre , si quelqu'un a résisté à la tyrannie , pour tout autre motif que la défense d'un préjugé ou d'un privilége (sauf un petit nombre d'exceptions) , on le trouvera dans l'Opposition. Certes une pareille considération devrait , ce semble , arrêter ces flots d'imputations calomnieuses et d'injurieuses suppositions, auxquelles les membres de la minorité sont si souvent en butte, et qui trouvent, dit-on , du crédit , auprès de quelques esprits faibles. On leur adressait naguère les mêmes invectives ; et cependant aujourd'hui le monde entier est unanime à reconnaître qu'ils avaient alors pour eux , le courage et la raison. Fort de ce précédent , en attendant que le temps ait prononcé entre nous , il faut conclure provisoirement que la présomption du bon droit et de la justice est acquise en leur faveur.

Tels sont les hommes , tels sont les talens , telles sont les vertus dont se glorifie le côté gauche.

Mais on peut dire qu'en tout ceci le ciel s'est montré prodigue ; le simple bon sens de M. Tronchon, traduit dans l'idiome universel des Français , et promulgué au monde du haut de la tribune française , aurait suffi pour consommer la révolution qui s'opère. Le côté gauche parle à l'intérêt et au sens commun des peuples : voilà le mobile de sa force et de sa toute-puissance. En vain vous vous débattez contre elle ; la conquête du monde lui est promise : voilà révélé le secret de cette grande conspiration , dont partout vous rencontrez les traces , et nulle part le foyer ; que vous dénoncez dans vos philippiques et dans vos réquisitoires ; que vous traduisez à vos Cours d'assises, pour l'y voir habituellement absoudre. C'est tout simplement, comme le disait un homme d'état qui est aussi un homme d'esprit, c'est la conspiration de la Seine qui veut aller à Rouen.

Des divisions ont existé entre le côté gauche et le centre gauche; l'imminence de l'ennemi les a fait cesser ; elles ne peuvent même plus se reproduire , aujourd'hui qu'on s'est donné des gages mutuels de fidélité , dans le rude sentier de l'Opposition. Le côté gauche a oublié ses accusations et ses préventions; le centre gauche, des griefs qu'il croyait fondés ; l'un a senti qu'il serait insensé de repousser des auxiliaires qui ont les mêmes desseins , bien qu'ils conservent un autre mode de faire la guerre ; l'autre a compris que ce n'était point son rôle de réprimer avec aigreur les excès de zèle de ses amis, et de leur faire de grandes querelles, pour des mots , qui ne sont souvent que des *lapsus linguæ*. Ces deux sections réunies forment les deux cinquièmes de l'assemblée ; minorité imposante , par le nombre , le caractère et le talent des personnes. Sans doute , elle n'est point assez forte pour repousser les volontés de la majorité ; elle l'est assez pour les modifier. Il faut la nourrir soigneusement par les élections ; sans elle, il n'y aurait pas de discussion , or la discussion est un des plus précieux avantages du gouvernement représentatif. C'est tout ce que demandent de nous, ceux des peuples nos voisins qui ne l'ont pas encore obtenu. Observez avec quelle religieuse attention on écoute en France , ce qui se dit à la tribune du Parlement anglais ; hé bien ! telle , et plus religieuse encore, est l'attention que nous prêtent les peuples de l'Allemagne et de l'Italie. D'ailleurs, il ne faut pas que l'Opposition dédaigne trop la loi actuelle des élections, quelque peu favorable qu'elle soit pour elle. Les lois s'améliorent par l'usage ; celle du 5 février le démontra rapidement ; celle du 29 juin l'indique déjà. Un grand exemple a été donné par la Capitale ; il y a lieu d'espérer qu'il sera suivi. Un zèle admirable s'est généralement manifesté aux élections de 1822 ; elles nous ont révélé un fait important ; c'est que la dissolution , en faveur d'une nouvelle administration , est possible avec la loi du 29 juin. On en avait douté jusqu'à ce moment ; aujourd'hui, c'est une chose démontrée. N'est-ce point là une véritable conquête? elle est due tout entière au zèle et à l'énergie des électeurs de l'Opposition. Si quelqu'un pouvait être tenté de se décourager et d'abandonner la lutte, qu'il jette les yeux sur l'Angleterre ; qu'il mesure la durée de sa révolution, d'où la liberté est à la fin sortie victorieuse ; qu'il compte les années de lutte de l'Opposition, vaincue, mais jamais terrassée de ses fréquens revers, et chaque jour se relevant avec une vigueur nouvelle ; qu'il songe enfin que les révolutions d'un jour ne sont guère que des triomphes de parti, tandis que l'établissement de la vraie liberté est une œuvre lente et laborieuse. Comme la vérité, la liberté est fille du temps, et, comme celle-ci, elle attend tout de son père.

Nous avons terminé le tableau des partis au sein de la Chambre des députés ; mais puisque nous avons promis un exposé complet de leur situation, voyons ce qu'ils sont hors et autour d'elle. Ici, sans doute, est leur foyer principal, et, sous ce rapport, ce point a dû fixer surtout notre attention ; mais on conteste, on a toujours contesté l'exactitude proportionnelle de la représentation ; ceux qui sont en minorité au-dedans, prétendent être en majorité au-dehors, et l'on sent que cela n'est pas impossible. La Charte elle-même a prévu le cas, dans l'article qui concerne la dissolution de la chambre élective.

Il y a peu de choses à dire de la Chambre des pairs ; ce n'est pas qu'elle ne renferme des hommes à grande influence, mais c'est à un autre titre que celui de pair que cette influence leur appartient. Assurément M. le prince de Talleyrand, M. Decazes, M. Molé, M. le duc de Dalberg, M. le duc de Broglie, M. le duc de Choiseul, M. le duc de la Rochefoucault, et plusieurs autres pairs de l'Opposition sont des personnages d'une très-haute importance. Il semble toutefois que la pairie n'est point la portion prédominante de leur situation ; car s'ils n'étaient point pairs, ils seraient très certainement députés, et leur importance serait la même. Cette importance tient à diverses causes, ordinairement simultanées ; à la célébrité héréditaire ou personnelle du nom, au crédit, à la fortune des familles, à la nombreuse clientelle que laisse après soi la suprême administration des affaires publiques, au lustre et à l'éclat que les talens reçoivent de la haute position où il leur est permis de se développer, aux relations particulières avec les hommes qui dirigent les divers États de l'Europe. Toutes ces conditions abondent dans la Chambre des pairs de France ; et ce fut peut-être sa principale utilité au milieu de notre nouvelle organisation sociale, de donner voix en chapitre, dans les affaires publiques, d'une manière permanente, aux hommes qui réunissent ces diverses conditions. Il résulte de là, que les pairs de la majorité, aussi bien que ceux de l'Opposition, influent considérablement sur les affaires des deux partis, tandis que la Chambre des pairs, en tant qu'assemblée délibérante, n'y joue qu'un rôle secondaire. Quelle est en effet l'institution que nous lui devons ? Quelle est la loi importante qu'on y a seulement modifiée ? On y a beaucoup discuté pour et contre ce qui s'est fait à la Chambre des députés, et puis on l'a enregistré. Si, en 1816, la Chambre des pairs rejeta le projet de loi d'élection de la majorité de la Chambre des députés, on se souvient que c'est le ministère qui, appuyé sur la minorité de la chambre élective, provoqua cette détermination, comme pour justifier d'avance la dissolution qu'il méditait. Si, plus tard, la Chambre des pairs attaqua, dans la loi des élections, la majorité qu'elle formait à la Chambre des députés, on se souvient de l'Ordonnance du 5 mars 1819, due à la puissance de cette majorité coalisée avec le ministère. Or, si ceux qui sont actuellement l'Opposition ont pu obtenir de la Couronne une pareille mesure, qu'on juge de la facilité avec laquelle la majorité d'aujourd'hui en obtiendrait une analogue, contre tout triomphe important qu'obtiendrait l'Opposition dans la Chambre des pairs. Cette situation est un fait, que nous constatons simplement, sans nous en affliger et sans en déduire les réflexions qui se présentent en foule à l'esprit. Seulement, nous rappellerons que le nombre des pairs du Royaume uni, qui n'était à l'avènement de Georges III que de 180, se trouve porté aujourd'hui à près de 500.

En parlant de la formation du ministère actuel, nous avons dit quelque chose de la Cour ; ce mot qui était tout dans l'ancienne monarchie , devrait être banni de la langue du gouvernement représentatif. La chose existe pourtant en France ; il est permis de s'en étonner, mais il n'est pas possible de le nier. Là vivent la plupart des pairs de la majorité ; les grands Colléges ont même introduit dans la chambre élective quelques hommes de la Cour ; tels que M. de Rochemore , M. de Gourgues , M. de Gontaut, M. de Béthisy , M. le prince de Croy-Solre , M. de Forbin-des-Issarts, etc. Ainsi qu'à la Chambre il existe des partis , à la Cour il existe des coteries : même elles deviendraient fort bruyantes, si jamais on pouvait parvenir à faire taire et à étouffer entièrement le côté gauche. Toute la cour n'est pas de l'extrême droite , comme on le croit communément. M. Decazes y avait des amis ; MM. de Bruges, de Vitrolles, de Polignac, de Fitz-James , s'ils obtenaient un jour la confiance de la couronne, y trouveraient des adversaires politiques. En Angleterre, les princes de la famille royale siègent à la Chambre des pairs ; de cette manière, leurs sentimens politiques sont connus d'une façon authentique ; on sait, par exemple, aujourd'hui, que le duc de Sussex partage tous les vœux de l'Opposition , et que le duc d'Yorck est un ardent ennemi de l'émancipation des catholiques ; en France , nous sommes réduits à des conjectures assez vagues , à des renseignemens individuels , toujours un peu incertains ; toutefois, on peut se rappeler qu'en 1819 un prince très-rapproché du trône , consentit à manifester publiquement, en diverses provinces , son approbation du système de gouvernement suivi à cette époque.

Ce serait ici le lieu de dire un mot des écrivains des deux partis, puisque, sous le gouvernement représentatif, et avec la presse libre, ils exercent une influence considérable sur l'opinion , et deviennent ainsi une puissance réelle : les portraits individuels , les comparaisons personnelles formeraient une galerie piquante ; mais ce sujet nous entraînerait trop loin. Nous conviendrons avec franchise que dans les premiers rangs

de cette milice , le côté droit soutient le parallèle sans trop de
désavantage , hormis sur un seul point ; à savoir : la logique.
Malheureusement ce point est toute la question qui nous divise,
et notre affirmation est précisément une négation pour nos adversaires. MM. Benjamin Constant, Guizot, de Pradt, Étienne,
de Barante , Kératry , ne nous trouveront point injuste quand
nous plaçons à leur hauteur , dans la lice de la polémique politique , MM. de Châteaubriand, Fiévée , de Bonald , de la
Mennais, Bertin. Mais si nous descendons aux écrivains du second rang , parmi lesquels il en est quelques-uns auxquels il a
manqué , non d'avoir plus de talent, mais de faire un peu plus
de bruit, pour être inscrits au premier, tout l'avantage nous semble acquis aux défenseurs de l'Opposition ; plusieurs n'ont pas
toujours été entièrement exempts de blâme, surtout en 1819 ;
mais chez la plupart on rencontre des idées généreuses , des sentimens élevés , des vues droites , de la modération dans les pensées, du calme et de la décence dans les expressions ; tandis qu'au
contraire on est affligé chaque jour en lisant leurs antagonistes,
par un effrayant débordement de partialité aveugle , de mau-
vaise foi dégoûtante, de haine furibonde et de verve colérique,
qui souillent la plupart des pamphlets des écrivains ministériels.

Dans l'ensemble de la nation , les élémens de force du système actuel que nous ne voulons pas dissimuler, se trouvent
dans les personnes et dans les circonstances suivantes :

1°. *La noblesse* ancienne , accrue d'une portion de la
nouvelle ; cette classe forme comme une corporation politique disséminée par toute la France ; elle est éminemment
homogène. Nous avons vu en 1820 , la liste électorale d'un
département du midi , sur laquelle on comptait 150 gentils-
hommes ou réputés tels, dont trois seulement appartenaient
à l'Opposition. La proportion est à-peu-près la même dans
les départemens situés depuis les Alpes jusqu'à la Garonne,
le long de la Méditerranée et des Pyrénées. Dans la plupart
de ces départemens , les gentilshommes forment près du tiers

des Colléges de département. Les hommes qui n'ont vu dans la révolution qu'une occasion de faire leur fortune, et qui l'ont faite, sont agrégés à cette classe ; ils y resteront fidèles.

2°. *Le clergé.* Il est en grande minorité dans les colléges électoraux ; mais il exerce, principalement dans les départemens du Midi et de l'Est, une forte influence sur les populations.

3°. *Les fonctionnaires publics.* Il en est très-peu qui soient dans une position vraiment indépendante. C'est l'effet des lois et du système actuel. Les fonctionnaires publics tiennent les salons des petites et grandes villes de province. Par eux, telle opinion est de bon ton ; telle autre ne peut être professée, si loyalement que ce soit, sans exposer ses prosélytes à un isolement complet. Beaucoup de gens qui ne demanderaient pas mieux au fond que le triomphe de l'Opposition, n'ont pas le courage d'affronter cet ostracisme d'un genre nouveau. Réunis avec les gentishommes, les fonctionnaires publics forment la majorité dans la plupart des Colléges de département, et dans plusieurs Colléges d'arrondissement.

4°. *Les neutres.* Ces gens-ci sont partout assez nombreux, et partout du côté du pouvoir quel qu'il soit, car cela est plus simple et plus commode ; mais ils n'appartiennent au parti actuellement dominant que comme propriété mobilière, et retomberont de plein droit, et même plus naturellement, en la possession du parti contraire, quand il parviendra au pouvoir.

5°. *La peur de la révolution et l'amour du repos.* La secousse de 1793 fut si violente, qu'une foule d'honnêtes gens n'en sont pas encore revenus ; il ne faut pas même espérer qu'ils se rassurent jamais. Patriotes en 89, ils n'ont pas encore compris comment avec des intentions qui leur semblaient si loyales, on a pu nous précipiter si loin. Le raisonnement n'a pas changé pour eux ; mais ils ne croient sérieusement qu'à l'expérience, et encore, à une seule expérience. Ils ne demandent qu'à mourir en paix dans la position où la tourmente les a jetés.

6°. *Les antécédens.* Une monarchie n'a pas existé durant tant de siècles sans laisser de profondes empreintes dans les mœurs et dans l'esprit d'un peuple. Les améliorations progressives de la nôtre sont incontestables ; elle en recueille les fruits. Il y avait plus de notions de la vraie justice, et de sentimens de la dignité de l'homme en général dans la monarchie de Louis XIV, qu'il n'y en eut jamais dans les républiques de Lacédémone et de Rome. C'est grâce à ce que notre monarchie ancienne avait de relativement bon, que nous sommes arrivés à ce degré de lumière et de civilisation qui nous rend dignes de réclamer un état social encore plus perfectionné. Cependant, trop de libertés politiques, de sécurité domestique, d'idées morales, de sentimens élevés, sont liés aux souvenirs des institutions que la révolution a renversées, afin de leur en substituer de plus parfaites, pour qu'elles n'aient point laissé un souvenir mêlé de regrets dans l'esprit d'un grand nombre de personnes.

7°. *Les lois de l'empire.* Tout ce que le despotisme le plus insolent, uni à la plus détestable hypocrisie, a pu obtenir d'une civilisation dépravée, se rencontre dans le hideux arsenal des lois, ordonnances, règlemens, coutumes, que le régime impérial nous a légués. Les institutions et les mœurs de cette époque avaient profondément altéré le caractère national ; elles avaient exalté parmi nous les passions mauvaises de notre espèce ; elles avaient flétri tout ce qui se trouve naturellement en nous de juste et de généreux. Il nous faut encore dévorer le reste des fruits amers semés durant ce trop long période.

8°. Enfin, *la Sainte-Alliance.* Cette circonstance est passagère, elle est accidentelle, elle est périssable ; mais son poids actuel est grand dans la balance de nos destinées. Long-temps la Sainte-Alliance ne se crut appelée qu'à combattre l'esprit de conquête de la France ; elle ne s'est aperçue que plus tard qu'elle n'avait plus le même ennemi en face. La bataille de Waterloo fut livrée plutôt à Napoléon conquérant, qu'à la France démocratique. Depuis, la tribune érigée en France et la liberté de la presse, ont changé la face de l'Europe ; plusieurs années avant sa mort, Napoléon n'était plus qu'un souvenir. Son règne ne fut qu'un épisode dans l'histoire de la révolution. L'épisode est terminé, et l'histoire s'achève. Les rois de l'Europe ont cru l'ordre social menacé de ruine, lorsqu'il n'est menacé que de perfectionnement. Depuis le congrès d'Aix-la-Chapelle, jusqu'à ceux de Troppau et de Laybach, les aristocrates de France ont inoculé leurs pensées à toutes les aristocraties de l'Europe ; le *Conservateur* fut leur principal instrument. Ils ne forment plus aujourd'hui qu'un seul peuple. Il n'y a plus dans cet instant de rivalités politiques entre les grands États ; ils ne sont travaillés que des guerres intestines. On ne combat plus pour être grand, mais seulement pour exister : *To be or not to be, that is the question*. L'Angleterre seule, par suite de sa position isolée, et de l'influence que le commerce a conservée sur la marche de son gouvernement, est accessible aux considérations ambitieuses et d'agrandissement. Toutes les autres puissances qui gravitent sous l'influence de la Sainte-Alliance, sont insensibles à l'ambition. La Russie elle-même ne voudrait pas acquérir Constantinople et la Turquie d'Europe, s'il fallait risquer de voir s'ériger en république les bourgs de Bénévent et de Ponte-Corvo ; et peut-être elle se persuadera que le massacre des Grecs est agréable à Dieu, s'il préserve Naples ou le Piémont d'une constitution parlementaire. Cette aberration des esprits est cruelle ; heureusement qu'elle ne saurait être durable. En attendant, la Sainte-Alliance soutient le système actuel de son poids moral et de son influence positive. Cela est si vrai, que nous entendons pousser des cris d'effroi, par appréhension de la voir s'engager dans la plus juste, la plus sainte, la plus inévitable des interventions ; et que sa dissolution ou ses échecs sont évidemment au nombre des chances les plus certaines et les plus rudes dont le système actuel soit menacé.

Tels sont les élémens qui ont porté au pouvoir l'administration présente, et qui lui permettent de s'y maintenir. Nous allons énumérer les obstacles qu'elle y rencontre, et qui l'en feront déchoir ; ils constituent en même temps les élémens de force de l'Opposition.

1°. *Les acquéreurs de biens nationaux*. Cette classe de citoyens forme une sorte de corporation , unie par le plus fort des liens , celui de l'intérêt personnel appliqué à la propriété. La Charte suffit à sa parfaite sécurité ; mais elle veut en avoir la garde , puisqu'elle contient ses garanties : cela est juste et naturel.

2°. *Les hommes de la révolution.* Il faut comprendre sous cette dénomination , les vétérans de la république, les disgraciés de l'empire , et leur race durant plusieurs générations.

3°. *Les hommes lettrés.* Je ne dis pas seulement les académiciens de Paris, que l'appât des pensions peut diviser ; mais je désigne sous cette dénomination , dans les villes de provinces, la grande majorité des avocats, des médecins , en un mot des gens qui achètent des livres et qui les lisent.

4°. *Les hommes industrieux.* Ici, il est à remarquer que plus la position s'élève , plus le triomphe de l'Opposition est complet et presque sans partage ; c'est que nulle situation n'est plus favorable que celle d'un riche négociant ou manufacturier, à l'étendue des idées , à l'abondance des lumières , au sentiment de la dignité personnelle , au besoin de liberté. Ces hommes sont les vrais aristocrates des sociétés modernes. Tout autre aristocratie est aujourd'hui plus ou moins fictive. Celleci n'est point reconnue par la loi ; mais les faits la proclament.

5°. *Les protestans.* Il y aurait un ouvrage à faire pour expliquer les causes de leur situation dans notre ordre politique ; il suffit ici que cette situation soit évidente. Observez les élections des grands colléges du Haut et Bas-Rhin , des Deux-Sèvres , de la Charente inférieure, de la Vendée; les protestans les ont faites.

6°. *La jeunesse.* Ce sont nos adversaires qui confessent qu'elle appartient à l'Opposition ; néanmoins elle a soin de se compromettre chaque quinze jours, tant elle souffrirait de penser qu'on pût en douter. La voilà telle que M. de Fontanes et l'abbé Eliçagaray vous l'ont faite ! M. Frayssinous n'est ni plus habile , ni plus zélé que ses devanciers.

7°. *La clientelle des précédens ministères , et le produit des épurations*. On a remarqué que, sauf un petit nombre d'exceptions, tous les hommes qui ont contribué le plus ostensiblement à la Restauration, sont aujourd'hui, ou dans l'Opposition, ou du moins hors de la majorité. Il suffira de nommer M. de Talleyrand, M. de Jaucourt, M. de Dalberg, M. Louis, M. Royer-Collard, M. de Pradt, M. Beugnot, M. Anglès, M. le général Dupont ; il en faut conclure que ce qu'on fait aujourd'hui n'est plus ce qu'on a voulu faire en 1814. Quant aux épurations, on sait quelle célébrité a conquise en ce genre le parti qui possède le pouvoir : on peut s'en reposer sur lui à cet égard ; elles seront éclatantes, nombreuses, interminables.

8°. *La Charte.* Sans doute elle peut être faussée, et devenir passagèrement la proie d'un parti ; mais elle renferme tout le gouvernement représentatif, c'est-à-dire une chambre élective. La liberté sortira de là : je ne sais pas à quelle heure ; mais j'affirme qu'elle en sortira. Aussi nous autres qui la voulons, nous crions : *Vive la Charte* ! Nos adversaires s'irritent de ce cri, bien qu'ils se soient emparés de la Charte, qu'ils l'expliquent et la commentent à leur gré. En ceci leur instinct est sûr : c'est le gouvernement représentatif qui les tuera ; car il est le gouvernement des supériorités morales, de la discussion, de l'évidence, de l'intérêt général. Eux se maintiennent par les soldats, par la police, par les fonds du budget, par les arrêts des tribunaux, par les promesses et par les menaces. Ecoutez-les, et dites-nous si dans leurs discours comme dans leurs écrits, il est jamais question d'autre chose.

9°. Enfin *la Sainte-Alliance des peuples.* Nous l'avons dit en parlant de celle des rois, il n'y a plus aujourd'hui que deux peuples, celui du nouveau régime et celui de l'ancien : il n'y a plus de haines nationales qu'entre les roquets des partis. M. Canning est l'ami de M. de Châteaubriand ; M. Brougham et lord Holland sont les amis de l'Opposition de France. Parce que la révolution était faite à Turin, on crut à Grenoble que par suite elle allait se faire à Paris. Les réfugiés de France et du Piémont sont incorporés en Espagne, tandis que les émigrés espagnols trouvent facilement des armes en-deçà des Pyrénées. Qu'est devenue cette haine furieuse des landwers germaniques de 1813 contre la France? N'est-ce pas en France que le professeur Goërres vient chercher un asile et des amis? N'avons-nous pas le même cri de ralliement que les Allemands? N'est-ce pas le cri de *vive la Charte*, que M. Hornthal a fait entendre lors de la clôture de la session à Munich, comme M. Labbey de Pompières à Paris? Tout ceci me prouve que le traité entre les peuples est signé, quoiqu'il soit impossible d'en exhiber la minute. Que dirons-nous de l'Amérique? Il est inévitable qu'avant dix années, les chargés d'affaires de ses nombreuses démocraties se partagent les alentours des cours de l'Europe, avec les aristocrates de la Sainte-Alliance. Entre ces deux forces la balance n'est pas égale. Un duc n'a rien d'éblouissant à Washington; mais nous savons que Franklin opéra de nombreuses séductions à Versailles. Deux hommes ont su apprécier l'avenir de l'Amérique ; M. de Pradt, dans ses prophétiques écrits, et M. de Châteaubriand, qui nous l'a prédite quelque part, lançant ses soldats sur nos côtes, l'épée dans une main et la déclaration des droits de l'homme dans l'autre.

Tel est, je crois, l'indication exacte, et peut-être impartiale, des élémens d'une lutte dans laquelle deux ordres d'idées et d'intérêts, se disputent, non pas seulement la possession de la France, mais la possession du monde. L'issue en doit être plus éloignée et ses chances plus diverses, à proportion que la sphère s'est agrandie; mais le résultat définitif en est d'autant moins douteux. Le christianisme a longuement et laborieusement conquis le monde ; les idées libérales, qui ne sont que le développement et l'application des principes de l'Évangile au gouvernement des sociétés, subiront les mêmes alternatives, et obtiendront enfin le même triomphe, par l'assistance de cette Providence sublime et paternelle qui régit l'univers. Mais la terre ne se meut pas pour la commodité de quelques-uns des atomes qui glissent sur sa surface ; elle obéit aux décrets du ciel, rendus en vue de l'espèce humaine tout entière. Ce but, vers lequel, de tant de contrées diverses, tendent avec énergie, tant de volontés unanimes, croyons que la France ne sera point la dernière à l'atteindre. Ce n'est pas vainement qu'il lui fut donné d'être la première à le désigner ; n'en est-elle pas déjà plus rapprochée que bien d'autres régions ? En vain nos adversaires se flatteraient de nous voir périr de lassitude : la Restauration nous a retrouvés plein de vie, après les quatorze années de la dure léthargie de l'Empire ; s'aperçoivent-ils que depuis huit années que la lutte s'est rengagée à la face du soleil, nous ayions faibli quant au nombre ou quant à l'intensité ? En 1789 nous n'étions qu'une nation, en 1822 nous sommes un monde. Si quelques-uns sont découragés, qui n'avaient vu dans l'Opposition que la conquête d'un bureau ou d'une sous-préfecture, nous n'en sommes pas moins en droit de répéter à nos antagonistes, ce que Tertullien disait des chrétiens nos prédécesseurs, en s'adressant aux païens de son temps : comme eux, on nous trouve au sénat, au prétoire, au cirque ; comme eux, nous remplissons les temples, le forum, les arènes, les places publiques.

Vous, au contraire, dirai-je aux adversaires des idées libérales répandues par toute l'Europe, vous portez sur le front les traces de la décrépitude et le signe effrayant de la mort. Vous demandez l'avenir à la vieillesse qui s'enfuit, et vous conjurez le temps d'arrêter la génération qui s'avance. Vous employez l'or pour séduire, le fer pour intimider, la vanité pour diviser, la superstition et l'esprit de parti pour égarer les hommes. Tout cela néanmoins ne vous suffit pas ; et pour obtenir vos demi-triomphes, il vous faut emprunter notre langage, nos mœurs, nos institutions. Vous avez à votre disposition tous les instrumens du pouvoir, qu'en avez-vous fait, hormis de déplacer quelques hommes dont vous convoitiez les positions ? Quelle institution avez-vous fondée ? Pouvez-vous en établir une seule sur l'intervention libre des volontés individuelles, sans être menacés de la voir détourner à notre profit ? Qu'est parmi nous le jury, la garde nationale, la commune ? Partout je cherche des citoyens, partout je ne trouve que les délégués du pouvoir. Les garanties de la liberté des personnes, du respect au seuil domestique , de la responsabilité dans l'exercice du pouvoir , tout cela nous était dû, tout cela nous était promis , tout cela nous est nécessaire ; au lieu de nous en faire jouir, vous disputez avec chaleur sur des mots, et vous tenez en état d'excommunication sociale tous ceux qui n'adoptent point votre langage. Où est la modération , où est l'impartialité , où est la bienveillance , signes et attributs de la force , élémens essentiels du pouvoir ?... Au lieu de cela , j'ai vu reparaître l'échafaud politique, legs répudié des siècles barbares.... à cet aspect je me suis retourné vers les peuples , et je leur ai dit avec le poète : *Rassurez-vous, vous êtes immortels !*

De l'Imprimerie de Chassaignon, rue Gît-le-Cœur.